Der Autor:

Wolf Durian, der eigentlich Wolf Bechtle hieß und 1892 in Schwaben geboren wurde, war Redakteur bei der Berliner Jugendzeitschrift ›Der heitere Fridolin‹ des Ullstein Verlages. Lange suchte er nach spannenden Fortsetzungsgeschichten, und als er nichts Geeignetes fand, setzte er sich hin und schrieb ›Kai aus der Kiste‹. Die Geschichten wurden ein riesiger Erfolg. 1926 erschien dann die Buchfassung, die in viele Sprachen übersetzt wurde. Es entstanden Hörspielfassungen sowie Drehbücher und Theaterinszenierungen. Den sechzigsten Geburtstag seines Gassenjungen Kai im Jahr 1984 konnte Wolf Durian nicht mehr erleben, denn er starb 1969 in seiner Wahlheimat Berlin.

Wolf Durian

Kai
aus der Kiste

Eine ganz unglaubliche Geschichte

Deutscher
Taschenbuch
Verlag

Illustrationen von Max Ludwig

Mit einem Nachwort von Sibylle Durian

Ungekürzter Text (Ausgabe 1984), mit den Illustrationen der
Ausgabe von 1972
Dezember 1986
5. Auflage April 1993
Deutscher Taschenbuch Verlag GmbH & Co. KG, München
© 1972 und 1984 Erika Klopp Verlag GmbH, Berlin · München
ISBN 3-7817-0420-3
Umschlaggestaltung: Celestino Piatti
Umschlagbild: Franz Reins
Gesetzt aus der Aldus 11/13·
Gesamtherstellung: Ebner Ulm
Printed in Germany · ISBN 3-423-70100-5

Inhalt

Eine Kiste, die »danke« sagt 7
Tausend Dollar gegen eine Schleuder 10
Die große Klapperschlange fährt umsonst und pfeift . . 13
Wachtmeister Bumser hört: »Jaaaa!« 17
Herr Kubalski tritt auf 22
Auf der Treppe findet Herr Kubalski einen Gedanken . 26
Krummblick klemmt den Daumen
in das Fahrstuhlgitter 31
TUT auf dem Zylinder 36
Ein Herr steht da und betrachtet den Himmel 41
Ein Mensch nimmt Fliegenpfiff die Luft weg 48
Herr Kubalski spaziert mit Fräulein Treuauge
im Park 52
Vorn und hinten – TUT 58
Herr Fliegenpfiff hört Fliegen pfeifen 63
Eine Minute und zwei Punkte zuwenig 70

Nachwort: ›Kai aus der Kiste‹ –
ein Straßenjunge wird sechzig 77

Eine Kiste, die »danke« sagt

»Nummer zwölf!« rief der Portier des Hotels Imperator in das Telefon. »Hier ist eine große Kiste abgegeben worden für Sie –; jawohl, für den Herrn auf Zimmer zwölf –; nein, nichts bekannt; vier Jungen haben die Kiste auf einem Rollwagen gebracht; – sofort.«

Der Portier legte den Hörer ab und drückte auf einen Knopf. Der Hausknecht erschien.

»Emil«, sagte der Portier, »schaffen Sie die Kiste hinauf nach Nummer zwölf!«

»Stellen Sie sie irgendwo hin«, sagte im Zimmer Nummer zwölf der dicke Herr. Er drehte sich nicht einmal um.

Ein Berg von Briefen lag vor ihm auf dem Tisch und ein andrer Berg neben ihm im Papierkorb. Der dicke Herr saß da und schrieb einen Brief.

»Sehr geehrter Herr«, schrieb er, »ich bitte Sie, sich morgen vormittag um 10 Uhr bei mir einzufinden. Hochachtungsvoll Joe Allan van Braams.« Und auf den Briefumschlag schrieb er: »Herrn Alexander Kubalski, Reklameagent.«

Es klopfte.

»Herein«, sagte Mister Joe Allan van Braams und legte die Feder hin. »Herrrein!« rief er noch einmal.

Niemand trat ein.

Mister Joe Allan stand auf und ging zur Tür. Er machte die Tür auf: Niemand.

Da sagte eine Stimme: »Ich kann ja nicht herein.«

»Wer ist da?« rief Mister Joe Allan und blickte sich um.

»Ich«, sagte die Stimme.

»Wo?« fragte Mister Joe Allan.

»In der Kiste.«

Mister Joe Allan machte die Tür zu und drehte sich um.

»Kommen Sie sofort heraus!« befahl er.

»Ich kann nicht!«

»Warum nicht?«

»Man hat mich auf den Kopf gestellt.«

Mister Joe klingelte. Emil erschien.

»Umdrehen!« sagte Mister Joe Allan und deutete auf die Kiste.

»Jawohl«, sagte Emil und drehte die Kiste um.

»Danke!« sagte die Kiste.

Emil wurde kreidebleich.

»Die Ki-Ki-Ki-...«, stotterte er.

»Kiste« wollte er sagen, aber seine Zunge blieb stecken.

Dann machte er einen Satz und war zur Tür hinaus. Er sauste die Treppe hinunter. Unten stieß er mit dem Kopf auf einen Gegenstand, der rund und weich war. Es stellte sich heraus, daß dieser Gegenstand der Bauch war, der dem Zimmerkellner, Herrn Joseph Balluschka, gehörte.

»Esel!« sagte Herr Balluschka.

»D-d-d-danke... hat sie... gesagt!« stammelte Emil.

Herr Balluschka zog die linke Schulter hoch, bewegte zweimal das bläulich rasierte Kinn mißbilligend und wehte davon.

Tausend Dollar gegen eine Schleuder

Zuerst erschien eine kleine Hand und klappte von innen den Deckel der Kiste auf, und dann erschien eine Sportmütze, die früher vermutlich grün gewesen war, und darunter eine kleine freche Stupsnase.

Und dann tauchte nur noch eine Hose auf, die begann dicht unter den Armen, und es war nicht abzusehen, wo sie aufhörte.

Als alles beisammen war, ergab es einen Jungen von zwölf oder dreizehn Jahren. Einen gewöhnlichen, ziemlich dreckigen Straßenjungen.

»Grüß Gott«, sagte der Junge, »sind Sie der Zigarettenkönig?«

»Jawohl«, sagte Mister Joe Allan. »Und wer bist du?«

»Ich bin die große Klapperschlange.«

»So, und warum hast du dich in die Kiste gesetzt?«

»Weil mich der Portier sonst rausgeschmissen hätte.«

»Hm«, machte Mister Joe Allan, »und was willst du denn von mir?«

»Augenblick!« sagte der Junge und fing an, die Hosentaschen auszuräumen. Zum Vorschein kamen ein krummer Nagel, eine Schnur, eine Schleuder, eine Kreide, Erbsen, Murmeln, eine Haarnadel und eine Blechschachtel für Pfefferminzpastillen.

In der Pfefferminzpastillenschachtel war ein Stück Zeitungspapier.

»Hier!« sagte die große Klapperschlange.

Es war die Anzeige, die Mister Joe Allan, der Zigarettenkönig, am Tag seiner Ankunft aus Amerika in allen Zeitungen hatte einrücken lassen:

> **Der Zigarettenkönig** sucht
> einen **Reklamekönig**
> Hotel Imperator – Zimmer 12

»Nämlich – ich will Reklamekönig werden«, sagte die große Klapperschlange.

»Weiter nichts?«

»Nein«, sagte die große Klapperschlange, »weiter nichts.«

Mister Joe Allan bekam ein rotes Gesicht, nahm die Brille ab und putzte sie mit seinem Taschentuch. »Du bist gut, Junge! Wie heißt du?«

»Kai.«

»Also, Kai«, sagte Mister Joe Allan, »du weißt natürlich nicht, was ein Reklamekönig ist. Ein Reklamekönig ist ein Feldherr. Er muß einen Krieg mit den Augen und den Gedanken der Menschen führen. Er muß jeden Tag eine neue Idee haben, damit ein paar Menschen ihn sehen und von ihm reden. So ein Reklamekrieg dauert viele Monate und kostet schrecklich viel Geld.«

Der Zigarettenkönig machte eine Pause.

Da sagte Kai: »Wenn ich jetzt will, redet morgen früh die ganze Stadt von mir, und es kostet mich keinen einzigen Pfennig.«

»Nicht eine Katze redet von dir«, sagte Mister Joe Allan.

»Wetten?« fragte Kai sofort.

»Mit Vergnügen!« sagte der Zigarettenkönig. »Hast du denn etwas zum Wetten?«

Kai überlegte. »Meine Gabelschleuder«, sagte er und zog sie aus der Tasche. »Es ist prima Gummi dran. Können Sie schleudern?«

»Nein«, sagte der Zigarettenkönig, »aber ich werde es lernen müssen, denn du wirst die Wette verlieren. Ich setze tausend Dollar gegen deine Schleuder, wenn ich morgen vormittag fünf Menschen begegne, die von dir reden.«

»Gemacht!« sagte Kai und streckte die Hand hin.

»All right!« sagte der Zigarettenkönig, ergriff die kleine Bubenhand und hielt sie fest.

Und da entdeckte er, daß diese Hand innen schwarz angemalt war. »Warum ist deine Hand schwarz angemalt?«

»Ja«, sagte Kai, »das ist unser Zeichen: Schwarze Hand.«

Die große Klapperschlange fährt umsonst und pfeift

Der Portier stand vor der Haustür, als Kai hinaus wollte. Kai ging in einem Bogen um ihn herum, klopfte ihm von hinten auf die Schulter und brummte: »Sagen Sie mal, Herr Portier...«

Der Portier drehte sich um, aber Kai drehte sich mit ihm und schlüpfte hinter seinem Rücken zum Hotelportal hinaus.

Der Portier schimpfte. Vor dem Hotel fuhr gerade ein dunkelblaues Auto ab. Kai saß hinten auf und sauste davon. Ein Polizist flötete auf seiner Trillerpfeife, aber Kai machte sich nichts daraus.

Er paßte auf, wohin das Auto fuhr. Als es in die Markgrafenstraße einbog, sprang er ab, flitzte unter den Nüstern eines Droschkengauls durch und sah sich drei Sekunden lang einem schwarzen Auto gegenüber, das mit wütendem Gebrüll heranschoß. Aber die drei Sekunden reichten zu einem Sprung, der Kai auf eine vorbeifahrende Straßenbahn beförderte, und zwar auf die vordere Plattform, wo er sich wie immer sogleich unter das kleine Fenster stellte, durch das der Schaffner den Fahrschein reicht.

Selten kam es vor, daß ihn ein Schaffner dort entdeckte, und dann war immer noch die Tür dazwischen; Kai stieg dann eben ab und auf eine andere Straßenbahn.

Kai fuhr vier Haltestellen weit bis zum Untergrundbahnhof auf dem Alexanderplatz. Eine Heerschlange von Menschen strömte in die Hölle der Untergrundbahn hinab, in der elektrische Lampen glühten und die Züge donnerten und brausten. Im Gedränge war es leicht, ohne Karte durch die Sperre zu kommen; allerdings nur für Kai war es leicht, jeder andere wäre dem Kontrolleur in die Hände gefallen. Aber Kai hatte Übung; er fuhr immer und überall und grundsätzlich umsonst. Er war arm. Was sollte er machen? Er setzte sich auf den Klappsitz im Wagen und ließ die Beine herunterbaumeln. Eine Dame unterhielt sich während der Fahrt mit ihm.

Die Dame stieg auf der gleichen Station aus wie Kai. Kai nahm die Mütze ab, machte sich noch kleiner, als er schon war, und trippelte dicht neben der Dame durch die Sperre. Der Kontrollbeamte glaubte, der Kleine gehöre zu der Dame, und ließ ihn als »noch nicht zahlungspflichtig« durch. Kai setzte die Mütze auf, rannte die Treppe hinauf und verschwand im Gewühl.

Kurz nach sieben Uhr tauchte er in einer nördlichen Vorstadt auf. Fabrikschlote ragten in den Abendhimmel. Sirenen heulten. Scharen von Arbeitern strömten durch die Straßen.

Wie eine Ratte schlängelte sich Kai zwischen den wandernden Menschen durch; auf einmal war er nicht mehr zu sehen. Ein Tor, das zwischen zwei Mietskasernen gähnte, hatte ihn verschluckt.

Ein enger Gang, in dem es dunkel war, führte an himmelhohen Backsteinwänden entlang. Dann kam ein kleiner düsterer Hof. Hier steckte Kai vier Finger in den Mund; ein langer Pfiff und dann zwei kurze hinterher. Es war das Signal der großen Klapperschlange. Kai nahm die Finger aus dem Mund und wartete.

Bald tauchten kleine Schatten in der Dämmerung auf. Aus Kellerwohnungen kamen sie heraufgekrochen, sie rutschten auf den Treppengeländern herunter. Jungen, große und kleine: Fabrikjungen, Zeitungsjungen, Laufjungen, Schuljungen, Kaminfegerjungen, Bäckerjungen.

Nun waren genug versammelt.

Die große Klapperschlange sprach: »Die Schwarze Hand versammelt sich um zehn Uhr am bekannten Ort.«

Wachtmeister Bumser hört: »Jaaaa!«

Wie der Wind liefen die Jungen auf und davon. Die Torbogen und Gänge zwischen den Häusern verschluckten sie, sie kletterten über Kistenstapel und Zäune, sie zerrissen sich die Hosen an Stacheldrähten. Sie pfiffen in allen Hinterhöfen und in allen Treppenhäusern das Signal der großen Klapperschlange. Alle Hunde bellten, und alle Erwachsenen schimpften.

Türen knallten zu. Wie viele Nachtessen wurden kalt an diesem Abend! Die Zeitungsjungen ließen ihre Zeitungen im Stich, die Schusterjungen liefen ihrem Meister davon. Zwei Jungen wurden eingesperrt, da stiegen sie durchs Fenster und rutschten am Blitzableiter hinunter.

»Die Schwarze Hand versammelt sich um zehn Uhr!« hieß es überall. Aus zwanzig Jungen wurden fünfzig, hundert. In allen Straßen rannten sie. Viele Roller ratterten über das Pflaster.

Im Untergrundbahnhof am Alexanderplatz stürmte eine ganze Bande durch die Sperre und in den Zug, der gerade abfuhr. Der Kontrolleur schloß die Sperre und lief ihnen nach.

Aber es war zu spät; rubinrot funkelte die Schlußlampe des Zuges aus der Tunnelfinsternis, und der Beamte mußte zurück, denn die Erwachsenen hinter der Sperre schimpften, weil sie nicht auf den Bahnsteig konnten.

Jeder von den Jungen wollte etwas Besonderes leisten. Sie fuhren mit dem Omnibus und legten sich oben auf dem Verdeck unter die Bänke. Sie ließen sich auf Rollschuhen von Lastautomobilen ziehen; auf *einem* Rollschuh, und mit dem anderen Bein ruderten sie hinten durch die Luft.

Einer stieg in die Autodroschke und rief: »Schnell zum Botanischen Garten!« Der Chauffeur fuhr schnell zum Botanischen Garten. Als er dort hielt, war das Auto leer.

Der »bekannte Ort« war der alte Bahnhof des Nordens. Früher wimmelten hier Menschen, strahlten Bogenlampen, brausten bei Tag und Nacht die Züge aus und ein. Dann wurde der neue Bahnhof des Nordens erbaut; alle Züge wurden umgeleitet, alle Menschen strömten dorthin. Vor den Säulen des alten Bahnhofs wurden die Eisengitter geschlossen.

Seitdem stand der alte Bahnhof verlassen und finster da. Tauben nisteten in den Fahrkartenschaltern, und in den Wartesälen, wo noch die alten Fahrpläne hingen, hausten Ratten.

Hier versammelte sich jetzt der Geheimbund der Straßenjungen, die Schwarze Hand. Zu zweien und dreien kamen die Jungen von hinten in das Gebäude herein, wo früher die Bahngleise lagen. Sie waren stumm. Der Mond schien, aber die Jungen hielten sich im Schatten der Mauern. Es war, als tauchten sie plötzlich irgendwo aus dem Boden auf. Jeder mußte dem Wächter an der Tür zum Wartesaal ein geheimes Stichwort ins Ohr flüstern, dann durfte er hinein.

Es dauerte einige Zeit, bis sich die Augen an das gedämpfte Licht gewöhnt hatten, das durch die schmutzigen und zerbrochenen Scheiben floß. Dann erst entdeckte man die vielen kleinen Schatten, die am Boden hockten. Immer neue Trupps kamen an.

Man wartete. Draußen war der ganze Bahnhof von

Posten umstellt; niemand konnte unbemerkt herein. Auf einmal stand die große Klapperschlange mitten im Saal, und keiner hatte ihn hereinkommen sehen. Er war vielleicht schon lange da.

Nur schleichender Plattfuß, Herkules und ein paar andere Anführer wußten, worum es sich handelte. Mit diesen flüsterte die große Klapperschlange jetzt. Alle aber lauschten und wollten etwas von den Geheimnissen der Eingeweihten aufschnappen.

Von einem Zigarettenkönig war die Rede und von einem Reklamekönig.

»Schwarze Hände – überall – heute nacht!« flüsterte die große Klapperschlange.

Der schleichende Plattfuß sagte nur: »Wird gemacht!«

Und dann fiel ein ganz unglaubliches Wort; allen, die es hörten, stand das Herz still: »*Tausend Dollar!*«

Auf einmal streckte Kai die Faust in die Luft und rief: »Heute nacht kann jeder einen Dollar verdienen. Wollt ihr?«

»Jaaaaaaaaa!« brüllten alle zusammen.

In diesem Augenblick ging draußen vor dem Gitter der Polizeiwachtmeister Bumser vorüber. Er schöpfte Verdacht. Er zog seine Trillerpfeife heraus und trillerte.

Von allen Seiten kamen Polizisten gelaufen. Sie klopften mit den Gummiknüppeln auf die Gehsteige, und nun kamen noch mehr Polizisten.

»In dem alten Bahnhof geht etwas vor!« sprach der Wachtmeister Bumser und rüttelte an dem Gitter, das verschlossen war.

»Wir müssen hinten hinein«, sagte er dann.

Sie marschierten um den ganzen Bahnhof herum. Die

Wachtposten der Schwarzen Hand sahen sie von weitem und pfiffen.

»Was haben die Lausejungen zu pfeifen?« fragte der Wachtmeister.

Überall liefen diese Straßenjungen herum; man stolperte beinahe über sie.

»Platz!« donnerte der Wachtmeister.

Sogleich machten die Jungen Platz, und nun wurde der alte Bahnhof erstürmt. Er war leer.

»Ich habe deutlich gehört, daß hier ›Jaaaaaa‹ gerufen wurde«, erklärte der Wachtmeister.

»Es war vielleicht ein Esel, Herr Wachtmeister«, sagte ein Polizist.

Herr Kubalski tritt auf

Zunächst merkte man gar nichts. Zwar fuhr das Straßenjungenpack wieder auf allen Bahnen und Automobilen umsonst mit, aber das war immer so. Viele Kondukteure und Chauffeure hatten es sich schon lange abgewöhnt, sich darüber zu ärgern.

Auch die Polizisten wunderten sich nicht über die Straßenjungen, die noch nach Mitternacht herumstrolchten und auf den Gehsteigen Handstand übten und Rad schlugen oder mit der flachen Hand an die Plakatsäulen, an Blechschilder und Häuserwände klatschten.

Nur die Droschkenkutscher und ihre Pferde ärgerten sich. Sie standen da an ihren Halteplätzen und schliefen. Auf einmal – patsch – klatschte so ein Bengel dem Pferd mit der Hand auf den Hals oder aufs Hinterteil, so daß Roß und Kutscher aus dem besten Schlaf erwachten. Ehe man aber mit der Peitsche zuhauen konnte, waren die Lausbuben verschwunden. Wie die Kutscher schimpften!

Und die guten alten Schimmel seufzten, wechselten das Standbein und schliefen weiter.

Es war drei Uhr morgens, als Kai nach Hause kam. Auf den Zehen schlich er die letzte Treppe zur Dachkammer des alten Hinterhauses hinauf. Dennoch knarrte die Stiege an allen Ecken und Enden.

Auch die Tür quietschte, obwohl Kai sie unendlich behutsam öffnete. Nun stand er in der finsteren Kammer und lauschte.

»Kai?«, fragte ein Stimmchen.

Kai flüsterte: »Ja, ich bin's. Aber nun schlaf weiter.«

»Uuuha!« machte das Stimmchen.

Kai war schon dabei, sich auszuziehen.

»Kai«, sagte das Stimmchen, »hörst du?«

»Ja?«

»Ich hab' so was Schönes geträumt.«

»Was denn?« fragte Kai und zog sich die Hose aus, die ein Geschenk des Bauarbeiters Starkbier war. Sie hatte den Vorzug, daß sie sich beinahe ganz von selbst auszog; Kai brauchte sie nur auf den Schultern loszubinden – bums –, lag sie ihm schon auf den Füßen, und er brauchte nur noch auszusteigen.

»Von einem Prinzen«, sagte das Stimmchen. »Er ist hereingekommen und hat zu mir gesagt: ›Kleine Erika, du bist so arm und hast keinen Vater und keine Mutter mehr; nun darfst du dir was Schönes wünschen.‹«

»Was hast du dir gewünscht?« fragte Kai.

»Eine Puppe«, sagte Erika weinerlich. »So eine mit Augen zum Auf- und Zumachen und einem Kleid mit Sternen dran. Und der Prinz hat gesagt: ›Schlaf nur, Erika, und wenn du aufwachst, dann liegt die Puppe neben dir.‹ Und dann bin ich schnell aufgewacht und ...«

Kai saß im Hemd neben seinem Schwesterchen auf dem Rand der alten Matratze und blickte zu dem kleinen Dachfenster hinaus.

»Vielleicht bringt er sie noch«, sagte er und gab dem Schwesterchen einen Kuß. »Gute Nacht, Erika.«

»Gute Nacht, Kai. – Glaubst du wirklich, daß er sie bringt?«

Kai wickelte sich in seinem Winkel in eine alte Decke ein. Seine Augen klappten von selbst zu.

Am anderen Morgen, fünf Minuten vor zehn Uhr, trat ein Herr mit spiegelblankem Zylinder und gelben Handschuhen in das Hotel Imperator ein. Der Herr duftete nach einem ganzen Beet voll Veilchen. In der Brusttasche seines taubengrauen Gehrocks steckte ein orangerotes Seidentaschentuch. Seine Krawatte und seine Strümpfe waren apfelgrün. In seinen Lackschuhen spiegelte sich die Landschaft.

Der Portier trat zurück und machte eine Verbeugung, die der Herr im Zylinder übersah. Er nahm das Monokel aus dem Auge und sagte: »Herr – äh äh – Joe Allan und so weiter – Zigarettenfritze aus Amerika – hier im Hause, was?«

»Jawohl, der Herr«, sprudelte der Portier. »Zimmer zwölf im ersten Stock.«

Darauf zog der Herr eine kleine Tasche aus Eidechsenleder heraus, entnahm ihr eine Karte und gab sie dem Portier. »Anmelden – gefälligst!« sagte er, setzte sich in einen Klubsessel, schlug die gestreiften Hosenbeine übereinander und zog den linken Handschuh aus.

Herr Balluschka, der Zimmerkellner, der die Karte auf einem versilberten Tablett davontrug, las darauf:

ALEXANDER KUBALSKI

Diplomierter Reklameagent

Auf der Treppe findet Herr Kubalski einen Gedanken

Mister Joe Allan stand vor dem Spiegel und rasierte sich.

»Sagen Sie, Herr Ober«, fragte er und schwang das Rasiermesser gegen den Tisch, auf dem die Morgenzeitung lag, »wer hat sich diesen Scherz mit mir erlaubt?«

Herr Balluschka blickte dem Rasiermesser nach.

»Belieben der Herr?«

»Die Zeitung«, sagte Mister Joe Allan.

Es war ihm aufgefallen, daß auf seiner Zeitung eine lebensgroße schwarze Hand abgedruckt war, und zwar mitten im Leitartikel gleich vorne auf der ersten Seite.

»Die schwarze Hand?« sagte Herr Balluschka. »Das Gespräch des Tages, Herr. Sie befindet sich nicht allein auf Ihrer, sondern auf sämtlichen Zeitungen in der Stadt. Man spricht von einem Attentat der Zeitungsjungen.«

»So, so«, sagte Mister Joe Allan und rasierte weiter. Und als er den Seifenschaum vom Messer abstrich, brummte er: »Schwarze Hand ... sehr gut ...«

Herr Balluschka empfahl sich geräuschlos.

Es klopfte.

Mister Joe Allan rief: »Herein!«

Herr Alexander Kubalski trat ein und verbeugte sich mit einem heftigen Ruck.

»Tach!« sagte er.

»Bitte, Platz zu nehmen«, sagte Mister Joe Allan.

»Das Neueste gehört, Mister van Braams?« begann Herr Kubalski, indem er seinen Zylinderhut neben dem Stuhl auf

den Boden stellte. »Ganze Stadt wimmelt von schwarzen Händen. Schaufenster, Häuserwände, Gehsteige, Plakatsäulen, Reklameschilder – alles voll! Kolossale Schweinerei! Was sagen Sie dazu?«

»Nummer zwei«, sagte Mister Joe Allan, klappte das Messer zu und wusch sich den Seifenschaum ab.

»Verstehe nicht...«

»Fehlen noch drei«, erklärte Mister Joe Allan. »Ich habe nämlich gewettet. Mit einem Straßenjungen.«

»Wegen der schwarzen Hände?«

»Die stammen von ihm. Sie sind seine Reklame.«

»Originell!« sagte Herr Kubalski.

»Ja«, sagte Mr. Joe Allan, »finde ich auch. Der Junge kann es noch zu etwas bringen.«

»Sicher. Wird hervorragender Anstreicher werden.«

»Oder – Reklamekönig«, sagte der Zigarettenkönig.

Herrn Kubalski stand der Atem still. Sein Gesicht wurde zuerst rot, dann blau, dann gelb. Das Monokel tropfte aus dem Auge.

»Famoser Witz – äh!« stotterte er.

»Im Ernst«, erklärte Mister Joe Allan. »Ich werde zwischen ihm und Ihnen einen Wettbewerb veranstalten.«

»Erlauben Sie, Mister van Braams, das ist – äh –, das wäre sozusagen beinahe eine – äh – Beleidigung!«

Herr Kubalski kochte.

»Beleidigung?« fragte Mister Joe Allan. »Wieso?«

»Wettbewerb mit einem – äh – Straßenjungen – ich!«

»Wenn Sie nicht wollen...«, sagte Mister Joe Allan und machte eine Handbewegung nach dem Schreibtisch, »ich habe noch vierhundertzweiundvierzig Angebote von Reklameagenten da.«

»Aber doch – natürlich – selbstverständlich – ganz im Gegenteil –«, erklärte Herr Kubalski rasch.

»Well«, sagte Mister Joe Allan, »kommen Sie morgen nachmittag um drei Uhr. Ich werde dann die Aufgaben stellen. Auf Wiedersehen!«

Hiermit war Herr Kubalski entlassen. Rasch stand er auf und trat vor Aufregung mitten in seinen wundervollen Zylinderhut. Diese Unterredung war nicht nach seinem Wunsch verlaufen.

Aber Herr Kubalski war durchaus nicht dumm. Während er noch auf der Hoteltreppe stand und seinen Zylinderhut ausbesserte, hatte er einen ausgezeichneten Gedanken. Das rote Plakat fiel ihm ein, das heute früh an den Plakatsäulen klebte. Es war ein Steckbrief und lautete:

---

500 DM Belohnung

demjenigen, der der Polizei die Person namhaft machen kann, die in der vergangenen Nacht die Gehsteige, Schaufenster, Häuserwände, Droschkenpferde usw. mit schwarzen Handabdrücken besudelt hat.

Die Polizeidirektion
von Pfefferstecher

»Portier – äh – was ich sagen wollte...«

Herr Kubalski stand auf der ersten Treppenstufe und zog sich den gelben Handschuh an. »Erinnern Sie sich an einen Gassenjungen, der gestern hier war?«

»Na«, sagte der Portier, »der sich hinten auf das Auto draufgesetzt hat?«

»Sieht ihm gleich«, sagte Herr Kubalski und knipste den letzten Druckknopf zu. »Morgen nachmittag um drei Uhr kommt der Bursche wieder her. Empfehle Ihnen, sich inzwischen den Steckbrief an einer Plakatsäule anzusehen; fünfhundert Mark Belohnung demjenigen und so weiter. Allerhand Geld, nicht wahr?«

»Und leicht zu verdienen«, fügte Herr Kubalski nach einer Kunstpause hinzu. »Sie brauchen nur auf eine Polizeistation zu gehen und den Jungen dort anzuzeigen. Er ist nämlich – *die* Person. Na, ich will weiter nichts gesagt haben. Lesen Sie den Steckbrief. Mojen!«

Herr Kubalski tippte an den Rand seines Zylinderhuts, der nun wieder tadellos aussah, und verließ das Hotel.

»Emil«, rief der Portier, »setze dir meine Mütze auf. Du mußt mich hier vertreten.«

Emil setzte die Mütze auf und fühlte sich.

Der Herr Portier ging zur nächsten Polizeistation.

Krummblick klemmt den Daumen in das Fahrstuhlgitter

Der Zigarettenkönig machte einen Spaziergang und staunte. Bis zur nächsten Straßenecke zählte er elf schwarze Hände. An der Straßenecke war es noch schlimmer.

Dort stand eine Plakatsäule, und daran waren dreißig oder vierzig schwarze Hände, und mindestens ebenso viele Personen standen darum herum, denn der Detektiv Louis Fliegenpfiff war gerade damit beschäftigt, mit Hilfe eines Vergrößerungsglases die Fingerabdrücke an den schwarzen Händen zu untersuchen.

»Es sind Hände von Jungen«, sagte der Detektiv zu einem Herrn, der ihn andächtig ansah.

»Nummer drei«, dachte Mister Joe Allan und ging weiter, nahm eine Droschke und fuhr zum Zentralpark.

Unterwegs blieben Leute stehen und blickten der Droschke nach.

»Es ist eine Unverschämtheit!« sagte ein älterer Herr und deutete mit seinem Spazierstock.

Es war geradezu peinlich für Mister Joe Allan. Er blickte an sich herunter, seine Kleidung, seine Krawatte waren in Ordnung. Der Hut? Mister Joe Allan nahm seinen Hut ab, betrachtete ihn außen und innen und konnte nichts Besonderes an ihm entdecken.

Als er ihn aufsetzte, rief ein kleines Mädchen: »Sieh mal, Mutti, das Pferd! Lauter schwarze Hände!«

›Nummer vier‹, dachte Mister Joe Allan und wollte sich nach dem merkwürdigen Pferd umsehen. Es war aber weit und breit nur der Scheck vor der eigenen Droschke zu sehen.

Scheck? Nein es war ein Schimmel, wie Mister Joe Allan jetzt feststellte, und die schwarzen Flecke an ihm waren schwarze Hände.

Mister Joe Allan ließ die Droschke halten, stieg aus, bezahlte und ging zum nahegelegenen Zentralpark.

Herrlich war es in dem Park. Der Springbrunnen plätscherte, und der Wind rauschte in dem Laub der Platanen. Mister Joe Allan suchte einen einsamen Weg auf.

Da waren Wiesen und Silberpappeln. Eine Amsel hüpfte auf dem Rasen und pickte nach Regenwürmern. Und dann kam der kleine Zypressenhain, in dem das Marmordenkmal von Markgraf Gottlieb dem Dicken stand.

Mister Joe Allan hörte plötzlich eine Stimme hinter den Zypressen: »Mitten auf den Bauch! So eine Frechheit!« Mister Joe Allan trat hinzu.

Zwei Studenten standen da und blickten zu dem Denkmal Gottliebs des Dicken empor. Und als nun Mister Joe Allan hinaufsah, entdeckte auch er die schwarze Hand, die auf dem weißen Marmorbauch von Gottlieb dem Dicken war.

›Verspielt!‹ dachte Mister Joe Allan und kehrte um.

Als er den Park verließ, begegnete er einem kleinen Jungen, der mit einem Papierball spielte.

Der kleine Junge warf Mister Joe Allan den Papierball zu. Mister Joe Allan fing ihn auf. Als er ihn aber zurückwerfen wollte, rannte der kleine Junge davon.

›Komisch!‹ dachte Mister Joe Allan. Nun stand er da und hielt den Ball in der Hand. Was sollte er damit? Es war weiter nichts als ein zusammengeknittertes Stück Papier.

Mister Joe Allan entfaltete es. Es war etwas daraufgeschrieben.

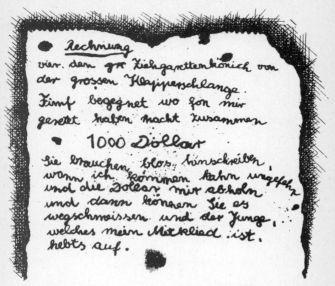

Rechnung
vier den Zigarettenkönich von der grossen Klapperschlange.
Fünf begegnet wo Son mir gesetzt haben nackt zusammen
1000 Dollar
Sie brauchen blos hinschreiben wann ich kommen kann ungefehr und die Dollar mir abholn und dann können Sie es wegschmeissen und der Junge, welches mein Mitklied ist, hebts auf.

Mister Joe Allan zog seinen Füllfederhalter heraus und schrieb unten auf das Papier:

Sehr geehrte grosse Klapperschlange!
Ich erkenne die Rechnung an und bitte, mich morgen nachmittag um drei Uhr im Hotel Imperator zu besuchen.
Hochachtungsvoll
Der Zigarettenkönig.

Darauf knitterte er das Papier zusammen, warf es in die Luft, winkte ein Auto heran und fuhr ins Hotel zurück.

Punkt drei Uhr stieg Kai die Stufen zum Portal des Hotels Imperator empor. Eine Sekunde später sah er sich zwischen zwei unangenehm breitschultrigen Männern, die rechts und links hinter dem Portal gewartet hatten. Es waren die Kriminalbeamten Schleicher und Krummblick.

Sofort packten die Kriminalisten mit ihren klobigen Fäusten zu, aber – zu hoch, denn Kai hatte sich gebückt und rutschte wie der Blitz unten durch. Er hatte Übung darin.

Zum Glück kam gerade der Fahrstuhl unten an. Der Fahrstuhljunge in seiner himmelblauen Uniform wollte aussteigen, aber Kai gab ihm einen Schubs, daß er wieder in den Fahrstuhl zurückplumpste, sprang nach und warf das Gitter zu.

»Himmelbombenelement!« brüllte Krummblick. Er hatte den Daumen in das zuschlagende Gitter geklemmt.

Darauf mußten Schleicher, Krummblick und der Portier zusehen, wie Kais Beine in dem Fahrstuhl nach oben davonschwebten.

»Hat ihn schon!« sagte der Portier und drückte auf den roten Halteknopf neben der Fahrstuhltür.

Sogleich blieb der Fahrstuhl zwischen den Stockwerken stehen. Niemand konnte mehr heraus und niemand hinein.

Kai war gefangen.

TUT auf dem Zylinder

»Ich gehe jetzt hinauf«, sagte der Portier, »und lasse den Fahrstuhl wieder herunter. Dann können die Herren den Burschen hier unten abfassen.«

Kriminalwachtmeister Schleicher nickte. Krummblick lutschte an dem gequetschten Daumen und blickte wie eine Bulldogge drein. Der Portier stieg die Treppe hinauf.

Er war sehr mit sich zufrieden. Die fünfhundert Mark waren wie geschenkt. Es reichte zu der goldenen Uhr mit Panzerkette und dem Anhänger, die er schon so lange »im Auge hatte«.

Er brauchte nur auf den Knopf am Aufzug zu drücken, über dem das Schild »Abwärts« war, dann ging der schöne Traum in Erfüllung. Der Portier drückte darauf.

»Er kommt!« sagte unten der Kriminalwachtmeister Schleicher. In diesem Augenblick trat gerade Herr Kubalski ein, vornehm und wohlriechend. Herr Kubalski blieb stehen.

Jetzt hielt der Fahrstuhl an. Mit einem Tigersprung stürzte sich Krummblick hinein, und Schleicher paßte dahinter auf. Ein Durchrutschen war diesmal unmöglich.

Der Bursche wurde auf der Stelle gefesselt und abgeführt. Herr Kubalski lächelte. Dann ließ er sich von dem Fahrstuhljungen zum ersten Stock hinauffahren.

Er begab sich nach dem Zimmer Nummer 12.

»Ah!« sagte Mister Joe Allan. »Die eine Partei wäre zur Stelle. Nun müssen wir noch auf den Jungen warten.«

»Ich fürchte«, bemerkte Herr Kubalski, »das wird zu lange dauern.«

»Nein«, sagte da im Hintergrund eine Stimme, »ich bin schon da.«

Es war der Fahrstuhljunge in der himmelblauen Uniform, der unbeachtet hinter Herrn Kubalski eingetreten war. Dieser Fahrstuhljunge war Kai.

»Ah!« rief Mister Joe Allan, »da ist er ja!«

»Nanu?« wollte Herr Kubalski sagen. Er klappte aber nur den Mund auf, dann setzte er sich in den Klubsessel, der gerade hinter ihm stand.

»Wie kommst du zu der Uniform, Kai?« fragte Mister Joe Allan.

»Nur so«, sagte Kai, »damit es feiner aussieht, wissen Sie. Der Fahrstuhljunge hat sie mir geborgt.«

»Der ist wohl auch Mitglied der Schwarzen Hand?«

»Kann sein«, sagte Kai.

Damit war diese Angelegenheit erledigt, und Mister Joe Allan eröffnete die Sitzung.

»Wieviel verdienen Sie im Jahr, Herr Kubalski?« fragte er.

Herr Kubalski verdiente fünftausend Mark, aber er sagte: »Fünfzigtausend Mark.«

»Well«, sagte der Zigarettenkönig, »als Reklamekönig der Firma Joe Allan van Braams würden Sie fünfzigtausend Mark im Monat verdienen.«

»Na schön!« sagte Herr Kubalski und schlug das rechte Hosenbein über das linke.

»Meine Herren«, fuhr Mister Joe Allan fort, und jetzt erst merkte Kai an einem Blick, daß damit auch er gemeint war, »ich besitze in dem amerikanischen Staat Virginia eine eigene Stadt, die Van-Braams-City. Sie liegt an einem Fluß, dem Van-Braams-River, und besteht aus lauter Zigarettenfabriken. Diese Fabriken erzeugen täglich drei Milliarden Zigaretten.«

»Au«, sagte Kai, »bis die alle geraucht sind!«

»Verkauft sind, mußt du sagen«, verbesserte der Zigarettenkönig. »Darum bin ich nach Europa gekommen. Ich will meine Zigaretten in Europa einführen, in jeder Großstadt zwei besondere Marken. Ich brauche eine riesenhafte Reklame. Deshalb werde ich für jede Großstadt einen Reklamekönig ernennen.«

Mister Joe Allan machte eine Pause, dann sagte er: »Ich werde jetzt einen Reklamewettbewerb zwischen Ihnen beiden um den Posten des Reklamekönigs für diese Stadt veranstalten. Ich stelle dazu folgende Aufgabe:

Wer in zwei Tagen zuerst 150 Punkte bekommt.

Jeder macht für seine Marke Reklame, soviel er kann; ich gehe in der Stadt umher und zähle genau, wie oft ich den Reklamen begegne. Unter den 150 Punkten muß aber mindestens *eine Reklame vorkommen, die ich noch nie gesehen habe.*«

»Kleinigkeit!« sagte Herr Kubalski.

Kai sagte nichts.

»Die beiden Zigarettenmarken, die ich hier einführen will, heißen TAT und TUT. Bitte wählen Sie aus.«

»TAT«, sagte Herr Kubalski.

»TUT«, sagte Kai.

»Well«, sagte Mister Joe Allan, »merken Sie sich bitte, meine Herren, daß ich unter keinen Umständen auch nur einen einzigen Punkt oder um eine einzige Minute von meinen Bedingungen abweichen werde. Der Wettbewerb beginnt jetzt um vier Uhr und ist übermorgen abend Punkt vier Uhr auf die Sekunde zu Ende. Um 4 Uhr 30 Minuten übermorgen abend reise ich ab. Auch dann, wenn keiner von Ihnen beiden bis dahin meine Bedingungen erfüllt haben wird. In diesem Falle werde ich einen Reklamekönig aus Amerika herüberschicken.«

Mister van Braams zog seine Taschenpräzisionsuhr heraus: »Meine Herren«, sagte er, »es ist zwei Minuten vor vier. In zwei Minuten beginnt der Wettbewerb.«

Sofort zog auch Herr Kubalski seine Uhr heraus. Als zwei Minuten um waren, ergriff er seinen Zylinder, stand auf und verbeugte sich. Dann setzte er den Zylinder auf und ging.

»Einen Punkt für TUT«, sagte Kai.

Er hatte schnell auf Herrn Kubalskis Zylinder einen Zettel gesteckt und daraufgeschrieben:

TUT

Ein Herr steht da und betrachtet den Himmel

»Worauf wartest du noch?« fragte der Zigarettenkönig, nachdem er den ersten Punkt für TUT in seinem Notizbuch aufgeschrieben hatte.

»Auf mein Geld«, sagte Kai.

»Ach so«, rief Mister Joe Allan, »die tausend Dollar für die Wette?«

Und er setzte sich an den Tisch und schrieb eine Anweisung an die Industriebank aus, daß dem Überbringer der Anweisung sogleich in seinem Namen eintausend Dollar auszuzahlen seien. – Kai bedankte sich und ging hinaus.

Vor der Tür erwartete ihn der echte Fahrstuhljunge, mit dem Kai im Fahrstuhl die Kleider getauscht hatte, während der Portier die Treppe hinaufgestiegen war und Schleicher und Krummblick unten gewartet hatten. Er war inzwischen von der Polizei entlassen worden, nachdem sich herausgestellt hatte, daß er nicht der Richtige gewesen war.

Über die Hintertreppe hatte er sich in das Hotel zurückgeschlichen. Und nun wollte er seine Uniform zurückhaben.

Im Waschraum zogen sie sich um. Kai sagte: »Bei der nächsten Versammlung wirst du die Auszeichnung für hervorragende Verdienste bekommen.«

Der Junge strahlte.

Sie waren fertig. Kai sah nun wieder aus wie Kai, und der Fahrstuhljunge steckte in der himmelblauen Uniform. Sie stiegen in den Fahrstuhl und fuhren hinunter.

Unten – dafür hatten Herr Kubalski und der Portier schon gesorgt – standen Schleicher und Krummblick und warteten.

Schleicher und Krummblick wußten jetzt genau Bescheid, diesmal packten sie den mit der himmelblauen Uniform und ließen den anderen laufen.

Aber – weiß der Teufel! Wieder hatten sie den Falschen erwischt!

Die Zeit war kostbar. Herr Kubalski riß sich jetzt beide Beine aus; das mußte Kai wissen.

Aber Kai tat nicht mehr viel an diesem Tag. Er ging zu Fuß nach der Industriebank und nahm dort die tausend Dollar in Empfang. Von da fuhr er im Omnibus E 3 nach der Kantstraße. Der Schaffner kam; Kai löste einen Fahrschein und fühlte sich fabelhaft vornehm. »Wie Erikas Prinz«, sagte er sich.

Vor dem Café Mohrenkopf bei dem Zeitungskiosk wartete seit einer geschlagenen Stunde Herkules. Herkules war zwei Jahre älter und um einen ganzen Kopf größer als die große Klapperschlange, aber er wartete geduldig. Er würde noch zwei Stunden gewartet haben.

Kai ging mit ihm in einen Hof und übergab ihm dort 999 Dollar, in deutschem Geld 4195 Mark und 80 Pfennig.

Herkules machte unheimlich große Augen.

Die große Klapperschlange sagte: »Du sorgst dafür, daß das Geld noch heute abend an unsre Leute verteilt wird. Jeder bekommt einen Dollar, das sind 4 Mark 20 Pfennig. Meinen Dollar hab' ich schon. Der Rest verbleibt in der Kasse als Betriebskapital.«

»Ja-wo-hol«, stammelte Herkules und stopfte den Haufen Geld in beide Hosentaschen.

»Sind die Spione unterwegs?« fragte die große Klapperschlange noch.

»Sind unterwegs — ja-wo-hol.«

Da ging die große Klapperschlange fort und verschwand im Menschengewimmel.

In der Kurfürstenstraße vor dem Spielwarengeschäft von Amelang tauchte er eine halbe Stunde später auf. Es war da ein Schaufenster, in dem alle Herrlichkeiten der Welt aufgehäuft lagen: Brummkreisel aus Silber und Gold, Holländerwagen, Gummibälle, Flitzbogen, Teddybären, Tennisschläger, Schwimmtiere und Puppen. Puppen waren mindestens zwanzig da: blonde und schwarzhaarige, mit blauen und mit braunen Augen. Himmelblaue und rosa und lichtgrüne Kleider hatten sie an, und jede lag in einer besonderen Schachtel und streckte die dicken, rosaroten Ärmchen entgegen, als wollte sie sagen: »Bitte, bitte, kauf mich doch!« Kai ballte in der Hosentasche die Faust um seine vier Mark und zwanzig und besah die Puppen, eine nach der andern. Endlich trat er in den Laden.

Vornehme Damen waren in dem Laden und ihre vornehmen Kinder. Kai wurde zuerst gar nicht bemerkt. Endlich entdeckte ihn ein Fräulein und fragte: »Du möchtest wohl etwas abholen, Kleiner?«

»Ja«, sagte Kai, »eine Puppe.«

»So«, sagte das Fräulein, »für wen?«

»Für Erika.«

»Erika?« dachte das Fräulein nach. »Was für eine Erika kann das nur sein?«

»Meine«, sagte Kai.

»Ach so«, sagte das Fräulein, »du willst eine Puppe kaufen?«

»Ja«, sagte Kai, »die dort.«

Er zeigte auf eine, die im Schaufenster stand. Sie war die schönste von allen. Das Fräulein holte die Puppe herein, sah auf das Zettelchen, das am Arm der Puppe hing, und sagte: »Fünfundzwanzig Mark.«

»Nein«, sagte Kai, »ich möchte eine Puppe haben, die vier Mark und zwanzig kostet.«

»Schön«, sagte das Fräulein und brachte einen großen Korb, in dem viele Puppenkinder kreuz und quer durcheinander lagen. Ein Zettel hing oben am Korb: »Stück drei Mark und fünfzig Pfennig.« Kai ließ sich Zeit. Auf einmal sah er eine Puppe, die ein blaues Kleid mit Sternen daran anhatte. »Die will ich haben«, sagte er. Das Fräulein packte die Puppe ein.

Um neun Uhr kam Kai nach Hause. Erika schlief. Da packte er die Puppe aus und steckte sie vorsichtig neben Erika unter die Decke.

»Kai!« rief am andern Morgen die kleine Erika, »Kai!«

Sie packte ihn an der Schulter und schüttelte ihn. Endlich klappte er die Augen auf.

»Kai!« rief Erika. »Der Prinz ist dagewesen, und ich hab's gar nicht gemerkt. Die Puppe hat er gebracht, denk mal!«

»Siehst du«, gähnte Kai, »das hab' ich dir gleich gesagt.«

Und Erika lief wieder hin zum Bett, auf dem feierlich die Puppe saß. Ein Kleid mit Sternen hatte sie an, genauso, wie sie es sich gewünscht hatte, und Erika hatte auch schon untersucht, ob sie die Augen auf- und zuklappen konnte. Sie konnte es, wie vorhin Kai.

»Liebe Puppe! Schöne Puppe!« flüsterte Erika und kniete sich hin und befühlte die kleinen Puppenschuhe und Puppenstrümpfe. Es war eine vornehme Puppe; einen gelben Unterrock hatte sie an. Dafür war sie von einem Prinzen und hatte drei Mark und fünfzig Pfennig gekostet. Unten auf der Schuhsohle stand es drauf.

Unterdessen hatte sich Kai aus seiner Decke gewickelt und zog die Ziehharmonikahosen an. Die Puppe sah vom Bett herab zu.

Da wurde unten auf der Straße das Signal gepfiffen. Spion bringt Nachricht. Kai rannte zur Tür hinaus, setzte sich auf das Treppengeländer und – huuuuuiiiiit – war er unten.

Auf einer Vortreppe sitzend traf Kai den Spion. Sie taten, als sähen sie sich zum erstenmal. Sie fingen an, den Rinnstein hinab Murmeln zu spielen, und während sie sich bückten und anscheinend über dem Spiel die Köpfe zusammensteckten, erstattete der Spion Bericht.

Es handelte sich um Herrn Kubalski. Seit er das Hotel Imperator verlassen hatte, verfolgten ihn die Spione der Schwarzen Hand auf Schritt und Tritt.

Herr Kubalski war mit einem Herrn im Automobil umhergefahren, von einer Plakatsäule zur andern. Manchmal seien die Herren ausgestiegen und hätten mit dem Metermaß an den Plakatsäulen gemessen.

»Und dann?«
»Dann hat er zehntausend Plakate bestellt.«
»Wo?«
»In der Druckerei Hochglanz, in der Luxemburger Straße.«
»Was steht auf den Plakaten drauf?«

»TAT, die beste Zigarette der Welt.«
»Sonst nichts?«
»Nein. Sag mal, kennst du den Herrn da drüben?«
»Welchen Herrn?«
»Dort, rechts von der Laterne vor dem gelben Haus«, sagte der Spion. »Er steht die ganze Zeit schon da und sieht immer wieder herüber.«

Kai blickte nach dem gelben Haus hinüber. Dort stand ein Herr und betrachtete den Himmel. Kai guckte auch hinauf und dachte, vielleicht sei ein Luftballon da. Es war aber nichts Besonderes zu sehen. Den Herrn kannte Kai.

Nun stand er auf, steckte seine Murmeln ein und ging allein die Straße hinab. Der Spion setzte sich auf den Rinnstein und begann, seine Murmeln zu zählen. Als Kai außer Sichtweite war, ging er in der entgegengesetzten Richtung davon.

Ein Mensch nimmt Fliegenpfiff
die Luft weg

Der Herr, der dastand und den Himmel betrachtete, war der Detektiv Louis Fliegenpfiff.

Louis Fliegenpfiff wußte alles. Herr Kubalski hatte ihm nämlich alles gesagt.

Kai begab sich in ein Konsumgeschäft, stellte sich an den Ladentisch und machte ein möglichst dummes Gesicht.

»Was willst du, Kleiner?« fragte die Verkäuferin.

»Fräulein«, sagte Kai, »ich hab's vergessen. Darf ich mal telefonieren?«

»Ja«, sagte die Verkäuferin, »kannst du denn schon telefonieren?«

»Och ja«, sagte Kai, »wenn's Telefon nicht kaputt ist.«

Das Telefon war nicht kaputt. Es hing im Vorratsraum, in dem es nach Brotlaiben und Schmierseife roch. Auch ein grünes Telefonbuch mit Fettflecken lag da.

Kai schlug nach, klingelte und sagte: »Bitte Amt Norden 7442!«

»Bitte Amt Norden viärrundsibbenzick viärr zwo!«

»Hallo? Die Firma Hochglanz dort? Hier Kubalski. Ku wie Kuh, bal wie Ball, ski wie Schneeschuh. Ich habe zehntausend Plakate bei Ihnen bestellt, und da ist ein Fehler drin. Statt A muß es U heißen. Wie? Schon gedruckt? Dann müssen Sie neue drucken. TUT – hören Sie? Wie? – Unterwegs schon? – Wissen Sie was? Drucken Sie schnell zehntausend U und lassen Sie die U's auf den Plakaten über die A's kleben.«

Kai hing den Hörer auf, ging in den Laden zurück und sagte: »Fräulein, jetzt weiß ich's wieder: Eine Fliegentüte will ich haben. – Haben Sie nicht? Schade!«

Als Kai aus dem Konsumgeschäft herauskam, stand schon wieder der Herr da und betrachtete den Himmel.

Ein Lastauto kam über das Pflaster gerasselt.

»Guten Morgen, Fliegenpfiff«, sagte Kai, rannte dem Lastauto nach und hockte hinten auf.

Herr Fliegenpfiff verzog keine Miene. Er war, wie jeder berühmte Detektiv, sehr kaltblütig. Er wunderte sich grundsätzlich über nichts, außer im höchsten Notfall.

Sogleich ging Herr Fliegenpfiff um die nächste Straßenecke, dort stand sein Fahrrad. Er drehte seine Mütze um, so daß das Schild nach hinten stand, schwang sich auf das Fahrrad und strampelte hinter dem Lastauto her.

Beinahe hatte er es erreicht, da hopste der verfolgte Mensch herunter. Es war beim Eingang der Untergrundbahn in der Hitzigstraße.

Der Mensch rannte die Treppe zur Untergrundbahn hinunter. Sofort lehnte Herr Fliegenpfiff sein Rad an den Rinnstein und rannte auch die Treppe hinunter. Als er unten war, lief der Mensch gerade die Treppe gegenüber hinauf und verschwand. Herr Fliegenpfiff lief die Treppe gegenüber hinauf. Als er wieder oben war, war sein Fahrrad ohne ihn unterwegs. Der Mensch saß drauf und strampelte davon.

Herr Fliegenpfiff wartete kaltblütig. Als ein Motorrad daherknatterte, hob er die Hand.

»Halt!« sagte er. »Absteigen!«

»Warum?« fragte der Motorradfahrer.

»Polizei!« sagte Herr Fliegenpfiff, setzte sich auf das Motorrad und knatterte los.

Wie der Teufel knatterte er hinter dem Fahrrad her. Die Hitzigstraße hinunter, in die Lindenstraße hinein, um die Jubiläumssäule herum. Fünf Schutzleute schrieben die Nummer des Motorrads auf wegen vorschriftswidriger Geschwindigkeit.

Plötzlich – Ecke Kurprinzenstraße – lehnte das Fahrrad friedlich am Rinnstein. Herr Fliegenpfiff stoppte, stellte das Motorrad daneben und stürzte in das Haus, vor dem das Fahrrad stand.

»Fliegenpfiff!« rief jemand aus dem Fahrstuhl.

Herr Fliegenpfiff sagte nichts und stürmte die Treppen hinauf. Erste Treppe, zweite, dritte, vierte, fünfte Treppe. Dann sauste der Fahrstuhl an ihm vorbei in die Tiefe.

Herr Fliegenpfiff kehrte um und rannte die Treppen hinunter. Als er unten war, stand der Mensch da und sagte: »Fliegenpfiff, pfeif mal den Fliegen!«

Dann rannte der Mensch davon.

Herr Fliegenpfiff nahm das Motorrad und lief damit an.

Das Motorrad machte pchchchchch! Und dann war keine Luft mehr in den Gummireifen.

Herr Fliegenpfiff nahm das Fahrrad.

Das Fahrrad machte auch pchchchchch!

Der Mensch hatte die Ventile an den Schläuchen aufgedreht.

Da nahm Herr Fliegenpfiff die nächste Straßenbahn und fuhr nach Hause.

Herr Kubalski spaziert mit Fräulein Treuauge im Park

An alle Plakatsäulen wurden große rosarote Plakate geklebt:

TAT

Die beste Zigarette der Welt

Um zwölf Uhr ertönten von der städtischen Sternwarte drei Böllerschüsse. Man hörte sie im Getöse der Großstadt nicht weit, aber nun stiegen die dreißig großen Fesselballone auf, die Herr Kubalski gemietet hatte.

»Habe ich schon hundertmal gesehen«, erklärte der Zigarettenkönig, den ein fremder Herr im Auftrag von Herrn Kubalski um seine Meinung über diese Reklame-Idee befragte.

Die dreißig Fesselballone warfen Haufen von grasgrünen Zetteln ab; wahrscheinlich stand auf allen diesen Zetteln drauf, daß TAT die beste Zigarette der Welt sei, aber niemand hatte Gelegenheit, einen von den grasgrünen Zetteln zu lesen. Wie der Blitz fielen die Straßenjungen über jeden Zettel her, der herunterfiel. Sie balgten sich darum, brüllten, überkugelten sich. Das Himmelreich schien für sie von den grasgrünen Zetteln abzuhängen.

Als die Fesselballone landeten, war nirgends ein grüner Zettel zu sehen. Ebenso rasch und spurlos wie die Zettel waren auch die Straßenjungen verschwunden.

Herr Kubalski lief von einem Schutzmann zum andern.

»Ich verlange, daß die Burschen verfolgt werden«, rief er, »das ist Diebstahl. Jawohl!«

Aber die Schutzleute zuckten die Achseln und lächelten. »Verfolgen? Wohin?«

Straßenjungen sind wie Mäuse; sie kennen jedes Loch, jeden Winkel, jeden Hinterhof. Sie rennen in das nächste beste Haus, die Treppe hinauf, klettern aus einer Dachluke auf ein Dach, laufen über das Dach weg und klettern am Blitzableiter irgendwo hinunter in einen Hof, von da in einen Keller, und auf einmal stehen sie in einer ganz anderen Straße, springen hinten auf ein Auto und sind weg.

Herr Kubalski ging nach Hause und ärgerte sich. Er aß zu Mittag und ärgerte sich immer noch. Dann legte er sich auf den Diwan und schlief ein.

Er hatte einen merkwürdigen Traum: Ungeheure Zigaretten rollten durchs Fenster herein und zur Tür hinaus, Zigaretten, so dick wie Fässer. Auf jeder stand *TAT, die beste Zigarette!*

Hunderte rollten herein und hinaus, warfen die Stühle um, polterten die Treppe hinunter, daß das ganze Haus zitterte und Fräulein Treuauges Fotografie auf der Kommode umfiel. Da wachte Herr Kubalski auf.

»Kinder!« schrie er, obwohl weit und breit keine Kinder waren, »Kinder, das ist ja eine großartige Reklame-Idee!«

Mit beiden Füßen zugleich sprang er vom Diwan herunter und war auf einmal ausgezeichneter Laune.

»Das muß ich Lydia erzählen!«

Herr Kubalski zog seine Stiefel und seinen Rock an, ging weg, nahm ein Auto und fuhr in die Heiligegeiststraße, wo in Nummer 26 Fräulein Lydia Treuauge, seine Braut, wohnte.

Er zog unten die Klingel, und gleich kam Fräulein Treuauge herunter.

»Wir wollen eine Rundfahrt machen, liebe Lydia«, sagte Herr Kubalski.

»Wie reizend von dir, lieber Alexander«, sagte Fräulein Treuauge. Und dann fuhren sie ab.

Bei der ersten Plakatsäule ließ Herr Kubalski halten und deutete auf das rosarote Plakat: *TAT, die beste Zigarette der Welt*.

»Wie gefällt es dir, liebe Lydia?« fragte er.

»Sehr gut, lieber Alexander«, sagte Fräulein Treuauge.

Darauf fuhren sie zusammen in den Park, stiegen aus und gingen spazieren.

»Rate mal, wieviel Geld der Zigarettenbonze zahlen wird«, sagte Herr Kubalski.

Fräulein Treuauge spannte vergnügt ihren Sonnenschirm auf und rief: »Viertausend?«

»Hast du eine Ahnung!« sagte Herr Kubalski. »Drei Millionen monatlich! Na, was sagst du dazu?«

Fräulein Treuauge sagte nichts. Sie war einfach sprachlos.

»Dollar natürlich«, schwindelte Herr Kubalski hinzu.

Fräulein Treuauge wurde immer sprachloser. Zum Glück

kam gerade eine von den bequemen, weißen Parkbänken, und sie setzten sich.

»Drei Millionen Dollar monatlich!« seufzte Fräulein Treuauge. »Wohin sollen wir nur mit dem vielen, vielen Geld!«

»Wohin?« sagte Herr Kubalski. »Zunächst werden wir unsere Hochzeitsreise dreimal um die Welt herum machen. Oben, in der Mitte und unten.«

»Alexander! Nnnnnein...!«

»Und dann werden wir uns eine Villa aus Marmor bauen lassen; alle Zimmer mit Seide tapeziert und mit Perserteppichen. Und unser eigenes Luftschiff mit entsprechender Halle müssen wir natürlich auch haben.«

»Alexander«, rief Fräulein Treuauge, »dann bekomme ich auch das karierte Kostüm bei Tietzheim, ja!«

»Aber Ly-di-a«, sagte Herr Kubalski, »ein Kostüm! Wir nehmen natürlich jeden Morgen neue Kleider, und die vom Tag vorher werden weggeworfen.«

Sie standen auf und gingen Arm in Arm durch den Park zurück. In ihrem Traum von Geld und Glück merkten sie zunächst gar nichts. Aber schließlich merkten sie etwas.

Alle Kinder auf der Straße liefen hinter ihnen her und schrien: »TUT! TUT!«

»Was ist denn los?« rief Herr Kubalski.

»TUT! TUT! Ätsch!«

»Wollt ihr augenblicklich machen, daß ihr fortkommt!« schrie Herr Kubalski und drehte sich um. Und da erblickte er seine Braut von hinten. »Lydia«, rief er, »deine Bluse!«

Fräulein Treuauge trug ihre gute dunkelgrüne Seidenbluse, wie immer, wenn sie mit Alexander ausging. Hinten auf der Bluse war nun auf einmal ein großer, weißer Buchstabe, ein T.

»Alexander!« rief in diesem Augenblick Fräulein Treuauge. »Dein Rock!«

Herr Kubalski trug den taubengrauen Gehrock. Darauf waren hinten ein riesiges U und ein T.

TUT stand hinten auf Herrn Kubalski und Fräulein Treuauge, wenn sie nebeneinander gingen.

Und das kam von der Bank im Park. Die Anstreicher der Schwarzen Hand hatten heimlich überall auf die Rücklehne der weißen Bänke im Park mit weißer Ölfarbe TUT hingemalt; man merkte es erst, wenn man aufstand, und dann nicht immer gleich.

Ausgerechnet jetzt kam Mister Joe Allan über die Straße und sah die Bescherung.

»Hallo, Herr Kubalski«, rief er, »na, so eine Reklame habe ich wirklich noch nicht gesehen. Was sagen Sie dazu?«

»Ich werde Anzeige wegen Sachbeschädigung erstatten«, zischte Herr Kubalski.

»Aber nein«, sagte Mister Joe Allan, »mit Vergnügen will ich die Bluse der Dame und Ihren Gehrock ersetzen.«

Und er zog seine Brieftasche heraus und überreichte Herrn Kubalski eine Hundertdollarnote. Fräulein Treuauge strahlte. Sie dachte sogleich an das karierte Kostüm bei Tietzheim.

»Übrigens«, sagte Mister Joe Allan, indem er die Brieftasche wieder in seinen Rock versenkte, »Sie sollten nun auch etwas unternehmen, Herr Kubalski. Ich habe für TUT schon vierzehn Punkte notiert und für TAT nicht einen einzigen.«

»Aber wieso?« stotterte Herr Kubalski, »haben Sie denn meine Plakate nicht gesehen?«

»Ihre Plakate? Wo?«

Herr Kubalski führte den Zigarettenkönig schnell zur nächsten Plakatsäule. Dort blieb er wie versteinert stehen.

Die Plakate lauteten jetzt:

Die beste Zigarette der Welt

Vorn und hinten – TUT

Die Schwarze Hand trat gegen Abend in den Wettkampf ein. Um fünf Uhr, als es dämmerte, wurde vor dem Kammergerichtsgebäude ein Haufen Kohlen abgeladen. Der Hausmeister stellte ein paar Jungen an, die die Kohlen in den Keller schaufeln sollten. Um diese Zeit kamen viele Leute aus den Geschäften, aber sie hatten es eilig, nach Hause zu kommen, und blickten nicht nach rechts und nicht nach links. Niemand beachtete die Jungen bei dem Kohlenhaufen.

Aber nach einer halben Stunde läutete es Sturm in der Hausmeisterwohnung. Ein Polizist war da und sagte: »Hören Sie mal, was ist denn mit Ihren Kohlen los?«

Der Hausmeister legte den Generalanzeiger hin, nahm die Brille ab und ging mit dem Polizisten auf die Straße hinaus. Die ganze Straße entlang waren die Kohlen neben dem Gehsteig ausgelegt:

TUT

Es wirkte außerordentlich künstlerisch. Leider waren die Künstler in aller Stille verschwunden; der Hausmeister hätte ihnen gern seine Anerkennung »recht warm« ausgesprochen.

Die Künstler hatten wenig Zeit, weil sie um sechs Uhr auf dem Potsdamer Platz auftreten wollten. Sie erschienen dort mit einer Kiste und einem großen Fernrohr und dem dazugehörigen Stativ. Das Fernrohr war allerdings früher ein Ofenrohr gewesen, und das Stativ bestand aus drei alten Bohnenstangen, die oben zusammengebunden waren, aber bei Nacht sah man das nicht so genau.

Einer von den Jungen stieg auf die Kiste und hielt eine Ansprache: »Meine Herrschaften!« schrie er. »Ein neuer Stern ist aufgetaucht. Blicken Sie gefälligst durch das Fernrohr. Es kostet kein Geld, kein Garnichts, und Sie werden den Anblick im Leben nicht wieder vergessen.«

Weil es nichts kostete, guckten viele Leute durch das Fernrohr und wollten den neuen Stern sehen. Wenn sie hindurchgesehen hatten, lachten sie, und weil sie lachten, wollten noch viel mehr Leute durch das Fernrohr sehen. Auch Mister Joe Allan blickte hindurch. Dann kam ein Polizist und sagte: »Auseinandertreten! Was geht hier vor?«

Die Leute traten auseinander, und nun sah der Polizist das Fernrohr.

»Was ist das für ein Humbug?« fragte er.

»Ein neuer Stern ist aufgetaucht«, sagte der eine von den Jungen, »blicken Sie durch dieses Rohr, und Sie werden Ihr blaues Wunder erleb...«

»Halt den Mund!« sagte der Polizist und guckte durch das Fernrohr. Es war auf eine Bogenlampe gerichtet, und oben war ein Stück Glas in das Ofenrohr eingeklemmt. Auf dem Glas stand mit roter Tinte: »*TUT ist der neue Stern.*«

Als der Polizist die Jungen packen wollte, waren sie nicht mehr vorhanden. Nur das Ofenrohr und das Bohnenstangenstativ konnte er mit auf die Wache nehmen.

Die Leute lachten und zerstreuten sich, da schrie jemand: »Vorsicht! Taschendiebe!«

Sofort griff jeder in seine Taschen, um sich zu überzeugen,

ob nichts darin fehlte. Aber im Gegenteil: Fast in allen Taschen war mehr drin als vorher, nämlich ein Zettel. Auf jedem Zettel stand: »*TUT, die feinste Zigarette der Neuzeit!*«

›Fabelhaft!‹ dachte Mister Joe Allan, zog sein Notizbuch heraus und wollte zwei Punkte für TUT notieren, einen für das Fernrohr und einen für die Zettel. Als er das Notizbuch aufschlug, stand darin: »*TUT ist die allerfeinste Zigarette!*« Er mußte also drei Punkte notieren.

Und dann gab es einen Auflauf Ecke Lützowstraße. Dort saß mutterseelenallein ein kleiner Junge auf dem Gehsteig und heulte.

»Was fehlt dir denn, Kleiner?« fragte die Dame.

»Tut-tut-tut-tut-tut...«

»Der arme Kerl«, sagte ein dicker Herr, »er stottert. Offenbar hat er seine Mutter verloren.«

»Wie heißt du denn?« fragte er nun den armen kleinen Stotterer.

»Tut-tut-tut-tut...«

»Was soll denn das heißen: Tut-tut?«

»TUT«, sagte der Junge auf einmal, »ist die feinste Zigarette der Welt.«

Alles lachte, aber der dicke Herr sagte: »Wart, Lausbub, dir will ich helfen!«

Eins, zwei, drei hatte er den Jungen übers Knie gelegt und ihm die Hosen strammgezogen.

Schallendes Gelächter ringsum.

Der dicke Herr stutzte, dann mußte er selber mitlachen und ließ den Jungen los.

Auf dem Hosenboden des Jungen stand mit Kreide »*TUT*«.

Wieder mußte Mister Joe Allan das Notizbuch herausnehmen. Und zehn Minuten später noch einmal.

Er kam am Kammerlichtspielplatz vorbei. Dort war ein Gedränge, daß die Straßenbahn beinahe steckenblieb. Die Aufführung des Dramas ›Skalpiert und lebendig begraben‹ war gerade zu Ende, und die Zuschauer strömten aus der Halle des Theaters heraus. Und mindestens jeder dritte hatte auf dem Körperteil, auf dem man zu sitzen pflegt, einen Zettel kleben: »*TUT, die beste Zigarette der Gegenwart*«.

Die Zettel waren hinten mit Leim bestrichen und – Rückseite nach oben – heimlich auf die Stühle gelegt worden. In der Dunkelheit hatten sich die Leute draufgesetzt. Wie sie nun schimpften und lachten: einer mußte dem andern helfen, damit man die verflixten Zettel wegbekam.

Der Zigarettenkönig zog sein Notizbuch heraus und schrieb hinein: »*Vorn und hinten – TUT!*«

Herr Fliegenpfiff hört Fliegen pfeifen

Am nächsten Morgen bekam Herr Fliegenpfiff einen Brief:

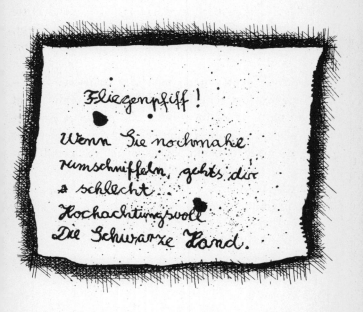

Aber das hielt ihn nicht zurück. Furcht kannte er nicht.

Außer ihm bekamen unzählige Personen in der Stadt Briefe von der Schwarzen Hand. Der Zigarettenkönig empfing allein dreiundvierzig Stück; er mußte dafür vier Mark und dreißig Pfennig Strafporto bezahlen. Die Briefe waren unfrankiert. In den Briefen stand drin: »Seien Sie so gut und rauchen Sie mal TUT.«

Das Strafporto war eine Frechheit. Aber noch viel schlimmer war das mit den Telefonen; alle fünf Minuten bimmelten sie: Ob man TUT kenne?

»Nein, zum Donnerwetter!«

Dann bimmelte es wieder. »Hallo?«

Ob man schon TUT geraucht habe?

»Fällt mir gar nicht ein!«

»Dann können Sie mir leid tun!«

»Unverschämtheit! Wer ist dort am Apparat?«

»TUT – TUT – TUT!«

Mister Joe Allan wurde siebenundsechzigmal ans Telefon gerufen. Nicht mehr hingehen konnte er nicht, weil er nicht wissen konnte, ob es nun wieder TUT oder eine wichtige Angelegenheit war.

Damit er nicht immerfort aus seinem Zimmer herauslaufen mußte, stellte er im Gang einen Stuhl vor das Telefon, setzte sich und rauchte eine TUT nach der andern. Wenn das Telefon fragte, ob er schon TUT geraucht habe, sagte er: »Bin eben dabei.«

Und dann machte er einen Punkt in das Notizbuch.

Die Straßenkehrer waren den ganzen Vormittag beschäftigt, die Plakatsäulen abzubürsten.

In der Nacht waren von den Jungen fast alle Plakate darauf überklebt worden, und nun stand da:

TUT

Das Beste für die Zähne

> **TUT** kauft jederzeit zu höchsten Preisen
> **August Stimmig**
> Komme ins Haus · Postkarte genügt

> **TAT** breitet sich nicht aus –
> hast Du **TUT** im Haus

Gegen Mittag weigerte sich das Telefonamt, Verbindungen herzustellen, weil fast überall die Hörer einfach abgehängt worden waren. Mister Joe Allan aber war froh, denn nun konnte er wieder in sein Zimmer gehen.

Zugleich weigerte sich die Post, Briefe zu bestellen. Die meisten Briefkästen in der Stadt waren verstopft, und die Leute wollten keine Briefe mehr annehmen und vor allem kein Strafporto mehr bezahlen.

Aber nun wurde es schlimmer. Wo ein Fenster offenstand, sausten Pfeile und hölzerne Lanzen herein. An den Pfeilen und Lanzen waren Zettel angebunden, und auf den Zetteln stand: »*Sie müssen TUT rauchen.*«

Viele Spiegel und Suppenschüsseln wurden hierbei kaputtgeschmissen. So konnte es nicht weitergehen.

Um ein Uhr wurde der Belagerungszustand verhängt. Die Zeitungen gaben Extrablätter heraus:

> **Nieder mit TUT!**

An den Gehsteigen entlang rannten die Straßenjungen mit den Extrablättern und brüllten an allen Straßenecken die Überschrift. Es war eine neue Reklame, aber zugleich die letzte. Denn nun wurde ihnen ein dicker Strich durch die Rechnung gemacht: Um zwei Uhr kamen große Plakate aus der Staatsdruckerei und wurden überall von Polizisten angeklebt. Auf den Plakaten stand:

Bekanntmachung!
Jede Reklame wird hiermit verboten.
Wer es dennoch tut, wird eingesperrt.

Raßler von Quassel
Oberbürgermeister

Als Herr Kubalski die Bekanntmachung las, wurde er käsebleich. Gerade jetzt wurden von hundert Dienstmännern hundert Riesenzigaretten durch die Straßen gerollt. Die Traum-Reklame-Idee! Auf den Zigaretten stand: »*TAT, die beste Zigarette.*«

Die Dienstmänner wurden sofort von Polizisten angehalten und verhört. Wer ihnen den Auftrag gegeben habe?

Ein gewisser Herr Kubalski.

Die Riesenzigaretten wurden beschlagnahmt. Kriminalkommissare suchten den gewissen Herrn Kubalski. Herr Kubalski kaufte eine blaue Brille und eine Lodenpelerine und ließ sich bei einem Friseur einen Bart ankleben. Nun kannte er sich selbst nicht wieder. Aber kaum war er auf der Straße, da sagte hinter ihm jemand: »Guten Tag, Herr Kubalski.«

Herr Kubalski knickte in die Knie; er raffte sich aber auf und lief, was er laufen konnte. Er drehte sich gar nicht erst um. Dann aber merkte er, daß der gewisse Jemand hinter ihm herlief.

»Langsam, langsam«, zischte eine Stimme hinter ihm, »gehen Sie doch langsam!«

Herr Kubalski blieb keuchend stehen, gab sich verloren und beschloß, dem Geschick ins Auge zu sehen.

Das Geschick war – Kai.

»Ha-hast du mich denn erkannt?« stotterte Herr Kubalski.

»Ja«, sagte Kai, »und der Herr da drüben auch. Gehen Sie nun hinter mir her, aber unauffällig.«

»Welcher Herr?«

»Auf dem anderen Bürgersteig, vor dem Konfitürengeschäft – jetzt ist er neben dem Bücherwagen. Der mit der Sportmütze.«

»Wer ist es?«

»Der Fliegenpfiff«, sagte Kai und ging voraus.

Er stieg auf die nächste Straßenbahn. Herr Kubalski auch. Herr Fliegenpfiff nahm eine Autodroschke.

»Abspringen!« flüsterte Kai, indem er sich an Herrn Kubalski vorüberzwängte. Sie sprangen ab. Kai verschwand wie der Blitz im Gewühl auf dem Gehsteig, aber Herr Kubalski war nicht flink genug. Herr Fliegenpfiff sah ihn und ließ die Autodroschke halten.

»Rasch!« sagte Kai und schob Herrn Kubalski die Treppe zur Untergrundbahn hinab. Aber nun mußte man für Herrn Kubalski umständlich eine Fahrkarte lösen, weil er sonst nicht durch die Sperre gekommen wäre. Inzwischen kam Herr Fliegenpfiff die Treppe herab. Sie fuhren alle drei mit demselben Zug nach dem Norden. Zum Glück nicht im gleichen Wagen. Herr Fliegenpfiff konnte eben noch in den letzten Wagen einspringen, als der Zug schon in Fahrt war.

»Vorwärts!« schrie Kai, als sie angekommen waren.

»Jetzt heißt's laufen!«

Herr Fliegenpfiff lief aber auch. Beinahe hätte er Herrn Kubalski an der Sperre erwischt, weil er es vom letzten Wagen aus näher zur Sperre hatte. Aber eine dicke Frau mit zwei Körben schob sich im letzten Augenblick dazwischen.

»Jetzt langsam!« kommandierte Kai, als sie hinter dem alten Bahnhof des Nordens waren.

»Langsam?« fragte Herr Kubalski und blickte zurück. Fliegenpfiff kam schon gelaufen.

»Langsam!« wiederholte Kai und hielt Herrn Kubalski am Ärmel fest. Dann steckte er die freie Hand in den Mund und pfiff das Signal der großen Klapperschlange. Sofort pfiff es an allen Ecken und Enden zurück.

›Nanu?‹ dachte Herr Fliegenpfiff. ›Was ist das für ein prachtvolles Echo?‹

Auf einmal liefen überall Straßenjungen umher. Sie hatten kleine Gabeln in der Hand. Jetzt pfiff es rechts und links um Herrn Fliegenpfiffs Ohren.

›Fliegen?‹ dachte Herr Fliegenpfiff und blieb stehen.

Patsch! – hatte er eins, patsch! – noch eins!

Es waren keine Fliegen, sondern Erbsen, stellte Herr Fliegenpfiff fest. Und die kleinen Gabeln waren Schleudergabeln. Es war eine überaus unangenehme Situation.

Aber auch diesmal zeigte sich Herr Fliegenpfiff der Sache gewachsen. Er zog sein Taschentuch heraus und winkte »Waffenstillstand! Friede! Rückzug!«

Darauf drehte er sich um und zog sich im Galopp zurück.

Bis zum Abend wartete er vor dem alten Bahnhof, aber die beiden Beschatteten kamen nicht heraus. Es war wirklich Pech, Herr Fliegenpfiff hatte sich so darauf gefreut, zwei Fliegen auf einen Schlag zu treffen.

Eine Minute und zwei Punkte zuwenig

Herr Kubalski staunte: In den schmutzigen Wartesälen des alten Bahnhofs wimmelte es von ebenso schmutzigen Straßenjungen. Werkstätten waren aufgeschlagen, eine Malerwerkstatt, eine Schreibwerkstatt, Bretter waren über Böcke gelegt, und davor standen alte Kisten, die an Stelle von Stühlen als Sitze dienten. Ölfarbe, Tinte, Kleister, Leim stand in Kübeln da oder lief am Boden herum, Pinsel, Federn, Stöße von Briefumschlägen lagen da und Haufen von Abfallpapierfetzen, die im Luftzug flatterten. Hier war also die große Reklamezentrale der Schwarzen Hand!

Aber die Jungen arbeiteten nicht, sie malten keine Plakate, schrieben keine Briefe, sie standen umher und machten ziemlich ratlose Gesichter. Sie dachten alle an die Bekanntmachung des Oberbürgermeisters Raßler von Quassel: Wer es dennoch tut, wird eingesperrt!

Als Kai erschien, liefen zwei große Jungen zu ihm hin, zogen ihn in eine Ecke und redeten auf ihn ein. Es waren Herkules und der schleichende Plattfuß.

»Was nun?« fragten sie. »Was sollen wir anfangen?«

»Nichts«, sagte die große Klapperschlange seelenruhig, »packt zusammen und geht nach Haus.«

»Kommen Sie«, sagte er dann zu Herrn Kubalski.

Sie gingen durch mehrere Säle, die trostlos aussahen. Da und dort raschelte es geheimnisvoll; das waren Ratten. »Hier hinunter!« Kai zündete ein Streichholz an.

Es war eine Holztreppe, die unter den Boden führte, das heißt, es war mal eine Holztreppe gewesen! Die Stufen waren jetzt verfault und zerbrochen; man konnte sich Hals und Bein auf diesem Überbleibsel einer Treppe brechen. Ein dumpfer Geruch kam ihnen aus der Tiefe entgegen.

Herr Kubalski kletterte mit Mühe und Angst hinunter, dicht hinter Kai, der genau wußte, wohin man treten konnte und wohin nicht. Nun kam ein Gang, in dem es stockfinster war. Das Streichholz war erloschen.

»Legen Sie mir die Hand auf die Schulter«, sagte Kai, »und gehen Sie nur immer hinter mir her.«

Sie gingen etwa fünf Minuten lang, aber Herrn Kubalski kam es vor, als wären es zwei Stunden.

»Halt!« sagte Kai. »Jetzt müssen wir kriechen. Es ist dreckig hier, aber das macht nichts.«

Er strich ein neues Streichholz an, und Herr Kubalski erblickte vor sich ein rundes, schwarzes Loch. Auf allen vieren kroch Kai hinein und blickte dann zurück, das Streichholz zwischen den Zähnen.

»Schnell!« knurrte er. »Das Streichholz geht aus.«

Er spuckte es fort, und es erlosch zischend.

Herr Kubalski griff bis an das Handgelenk in Schlamm. Aber nun war ihm schon alles gleichgültig, denn alles war besser, als eingesperrt zu werden.

Sie krochen hintereinander her wie zwei Kröten durch eine Brunnenröhre.

Rechts und links fühlte Herr Kubalski etwas Kaltes, Rundes. Es waren Leitungsrohre. Endlich schimmerte irgendwo dünnes Licht herein.

»So«, sagte Kai und richtete sich auf, »da wären wir.«

Eine eiserne Leiter führte nach oben. Herr Kubalski blickte durch einen runden Schacht empor und sah ein dickes Eisengitter über sich.

›Ein unterirdisches Verlies‹, dachte er schaudernd.

»Es ist ein Gully«, sagte Kai und stieg die Leiter hinauf. Herr Kubalski folgte.

»Jetzt müssen wir zusammen den Deckel aufheben. Er ist kolossal schwer«, sagte Kai. »Hoooo-rrrrupp!«

Auf »Rrrrrupp!« gab der Deckel nach, und Kai steckte vorsichtig den Kopf hinaus, aber gleich zog er ihn wieder zurück und schrie: »Achtung!«

Ein Brausen ging dicht über ihre Köpfe weg.

»Was war das?« fragte Herr Kubalski zähneklappernd.

»Ein Auto«, sagte Kai.

Dann stiegen sie rasch hinaus und standen in irgendeiner Straße. Aber wie sahen sie aus!

»Weiter!« sagte Kai.

Eine Viertelstunde später standen Kai und Herr Kubalski im neuen Bahnhof des Nordens in der großen Halle. Nun war keine Gefahr mehr. Herr Kubalski war so dreckig, daß ihn kein Kriminalkommissar erkennen konnte. Nicht einmal Herr Fliegenpfiff. Und überhaupt stand Herr Fliegenpfiff ja noch vor dem alten Bahnhof und wartete.

»Haben Sie Geld?« fragte Kai.

»Ja«, sagte Herr Kubalski.

»Nehmen Sie eine Karte nach Konstantinopel«, sagte Kai, »in zehn Minuten fährt der Orientexpreß. Hoffentlich werden Sie dort Reklamekönig.«

Herr Kubalski griff nach der dreckigen Bubenhand und wollte sich bedanken, aber ehe er das rechte Wort fand, war Kai verschwunden.

Draußen blickte Kai auf die große elektrische Bahnhofsuhr. Es war zwanzig Minuten vor vier.

Als es noch zehn Minuten vor vier war, stand auf Zimmer 12 im Hotel Imperator Mister Joe Allan vor seinem Koffer. Der Koffer war fix und fertig gepackt, nur die Hausschuhe mußten noch hinein. Mister Joe Allan ging zur Tür und drückte auf den Klingelknopf. Emil erschien.

»Meine Stiefel!« sagte Mister Joe Allan.

»Sofffort!« sagte Emil und verschwand.

Mister Joe Allan zog sich die Pantoffeln ab, packte sie ein, schloß den Koffer und wartete in Strümpfen.

Es klopfte. – »Herein!«

Kai.

»Soso, du bist's«, sagte Mister Joe Allan, »drei Punkte fehlen noch.«

»Macht nichts«, sagte Kai, »hier kommt Nummer eins.«

Der Liftjunge trat eben ein und brachte die Stiefel.

»Danke«, sagte Mister Joe Allan und nahm die Stiefel. Dann blickte er, während er sie anzog, in der Luft umher.

»Na, wo steckt der Punkt?« fragte er.

»Auf den Stiefelsohlen«, sagte Kai.

»Das hättest du vorher sagen können«, brummte Mister Joe Allan. Er mußte die Stiefel wieder ausziehen, denn er brachte das Bein mit Stiefel nicht hoch genug herauf.

»*TUT*« stand auf der Stiefelsohle.

»Der Koffer muß sofort zur Bahn«, sagte Mister Allan.

Kai und der Liftjunge faßten zu und trugen den Koffer zusammen hinaus. Als Kai zurückkam, hatte Mister Joe Allan schon den Mantel in der Hand. Kai half ihm hinein. Dann reichte er ihm vom Kleiderrechen den Zylinder.

»Ja, mein Junge, nun muß ich gehen«, sagte Mister Joe Allan. »Es tut mir leid um dich, aber ich muß auf meiner Bedingung bis zum letzten Punkt und zur letzten Sekunde bestehen.«

»Natürlich müssen Sie«, sagte Kai. »Ich komme mit.«

Mister Joe Allan sagte: »Schön!« und setzte den Zylinder auf. Sie fuhren zusammen im Fahrstuhl hinunter.

Der Fahrstuhljunge trug am Daumen der linken Hand einen eisernen Ring, wie man sie an Gardinen hat. Es war die Auszeichnung für hervorragende Verdienste. Er strahlte; der eiserne Ring war ihm viel wichtiger als die zehn Mark Trinkgeld, die er von Mister Joe Allan bekam.

Unten in der Hoteldiele blickte Kai auf die Wanduhr. Noch *eine* Minute bis vier, und die zwei Punkte fehlten.

Das Personal des Hotels, vom Hausknecht Emil bis hinauf zum Geschäftsführer, stand in der Hoteldiele Spalier, und jeder bekam zehn Mark. Dem Geschäftsführer aber gab Mister Joe Allan die Hand und hob den Zylinder. Dabei fiel sein Blick in das Innere des Zylinders.

»*TUT*« stand darin.

Mister Joe Allan lächelte. Rasch zog er die Taschenpräzisionsuhr heraus, knipste den Sprungdeckel auf.

Es war Punkt vier, und auf dem Glas der Uhr stand: »*TUT*« – mit Tinte draufgemalt!

Der Zigarettenkönig klappte die Uhr zu, steckte sie ein, gab Kai die Hand und sagte: »Ich gratuliere, Herr Reklamekönig.«

Dies alles geschah vor vielen Jahren.

Heute ist der kleine Kai ein großer Kai geworden. Wenn man ihm die Hand gibt, braucht man keine Angst mehr zu haben, daß sie schwarz wird. In seinem schönen Haus kann man sich ruhig auf jeden Stuhl niederlassen, ohne fürchten zu müssen, daß man mit einer Reklame auf der Kehrseite wieder aufsteht.

Kai ist ein wahrer Reklamekönig geworden, wenn auch mit anderen Mitteln als zu der Zeit des Herrn Kubalski. Er hat viel arbeiten und lernen müssen. Aber dafür leitet er heute eine große Reklamefabrik, in der unzählige Menschen beschäftigt sind. Geht man mit ihm durch alle die vielen Säle und Räume, so bemerkt man, wie er bald diesem, bald jenem von den Ingenieuren und Malern zunickt; und fragt man ihn, wer das ist, so erfährt man die sonderbarsten Namen. Einer heißt Herkules, einer schleichender Plattfuß, und so fort.

Gegenüber von der Fabrik aber steht ein Landhaus. Hier wohnt Erika mit ihrem Prinzen. Ein richtiger Prinz ist es zwar nicht, sondern Kais bester Freund und Mitarbeiter. Erika indes behauptet fest, es sei ihr Prinz. Und wenn sie es sagt, wird sie wohl recht haben.

Mister Joe Allan aber hat gerade in diesen Tagen seine neueste Zigarettenmarke getauft. Sie hat einen Riesenerfolg errungen. Ganz Amerika raucht sie, und sie heißt:

DIE SCHWARZE HAND

›Kai aus der Kiste‹ –
ein Straßenjunge wird sechzig

In diesem Jahr wird sie sechzig Jahre alt, die Geschichte von dem pfiffigen Berliner Straßenjungen, der mit seinen Einfällen die ganze Stadt auf den Kopf stellt und schließlich sogar Reklamekönig wird. Wolf Durian kann dieses Jubiläum nicht mehr miterleben, er starb vor fünfzehn Jahren in seiner Wahlheimat Berlin. Doch er hat erlebt, wie sein Kai für mehrere Generationen von Lesern jung geblieben ist.

Dabei verdankt das Buch seine Entstehung eigentlich einem Zufall. Versetzen wir uns sechzig Jahre zurück in das Berlin von 1924. Wolf Durian – der eigentlich Wolf Bechtle hieß und aus Schwaben kam – war Redakteur an der Jugendzeitschrift ›Der heitere Fridolin‹ des Ullstein-Verlages. Für diese Zeitschrift suchte man händeringend nach einer spannenden Fortsetzungsgeschichte. Etwas ganz Besonderes sollte es sein, frech geschrieben und so fesselnd, daß es Tausende von Kindern gar nicht erwarten könnten, die nächste Nummer der Zeitschrift in die Hände zu bekommen. Man beriet hin und her, doch keiner hatte einen brauchbaren Vorschlag. Um der langweiligen Redaktionssitzung ein Ende zu machen, erklärte Wolf Durian sich bereit, eine solche Geschichte zu schreiben. Jede Woche eine Fortsetzung. Die anderen Redakteure schüttelten die Köpfe. Auf so etwas konnte sich nur ein Anfänger einlassen.

Doch Wolf Durian war es gewohnt, das, wovon andere nur reden, wirklich zu tun. Mit dreizehn hatte er versucht, als blinder Passagier nach Amerika zu kommen. Er wurde entdeckt und nach Hause geschickt. Kaum mündig, brach er seine Landwirtschaftslehre ab und erfüllte sich seinen Traum. Er war Tellerwäscher und Holzfäller in Montana, Gärtner in einer Baumschule in Idaho, Cowboy und Postreiter in Mexiko. Abenteuer hatte er genug erlebt, und ein Musterknabe war er nie gewesen. Warum also sollte ihm keine spannende Kindergeschichte gelingen? Am Abend saß er im Bademantel und in eine Decke gewickelt – sein kleines Zimmer ließ sich nicht heizen – am Schreibtisch. Und am nächsten Morgen war die erste Folge der Fortsetzungsgeschichte fertig. Sie hieß ›Kai aus der Kiste‹.

Kai stammt aus einem der unzähligen Berliner Hinterhöfe und ist der Anführer einer Straßenbande. So einen »Helden« hatte es bisher in keinem Kinderbuch gegeben. In den Hinterhöfen – soweit sie überhaupt vorkamen in Kindergeschichten – hatte ein Kind aus »besseren Kreisen« nichts zu suchen, mit Straßenjungen durfte es nicht spielen. Nun war so ein Junge Hauptfigur in einer Geschichte, und noch dazu an Witz und Einfallsreichtum den Erwachsenen weit überlegen.

Als die ersten Folgen erschienen, waren die Kinder begeistert. Tausende von Briefen flatterten auf den Redaktionstisch: »Wie geht es weiter?« Aber das wußte zu diesem Zeitpunkt der Autor selbst noch nicht. Er saß Nacht für Nacht in seinen Bademantel gewickelt an dem wackeligen Tisch und schrieb. Jede Fortsetzung wurde erst kurz vor dem Druck fertig. Eine nervenraubende Zeit, in der es Wolf Durian wohl manches Mal leid tat, sich auf die Sache eingelassen zu haben.

Der Erfolg wuchs von Fortsetzung zu Fortsetzung. ›Der

heitere Fridolin‹ konnte seine Auflage mehr als verdoppeln. Wolf Durian wurde Chefredakteur der Zeitschrift. Er schrieb neue Geschichten: von seinen Erlebnissen mit Tieren, über seine Abenteuer in Amerika.

Zwei Jahre später – 1926 – erschien ›Kai aus der Kiste‹ als Buch. Es wurde in viele Sprachen übersetzt, Hörspielfassungen entstanden, Drehbücher wurden geschrieben, Theaterstücke inszeniert.

Kai wurde so populär, daß viele Eltern ihren Kindern, die in diesen Jahren geboren wurden, seinen Namen gaben.

Als 1933 die Nazis an die Macht kamen, setzten sie das Buch als »proamerikanisch« auf die schwarze Liste. Doch damit konnten sie nicht erreichen, daß Kai vergessen wurde.

1947 erschien eine neue Ausgabe, im schmucklosen Nachkriegseinband, zwischen grauen Pappdeckeln auf schlechtem Papier. Und wieder fand das Buch bei jungen und alten Lesern ein begeistertes Echo. Die inzwischen erwachsen gewordene erste Lesegeneration freute sich über die Wiederbegegnung mit dem jung gebliebenen Kai und gab die Geschichte an ihre Kinder weiter. Und so ist es bis heute geblieben.

Wolf Durian wäre in diesem Jahr 92 geworden. Das Buch hat seinen Autor überlebt und wird sicher noch lange weiterleben.

Berlin, im Frühjahr 1984   *Sibylle Durian*

Für Leser ab 8 Jahre

**Klaus Kordon
Ein richtiger Indianer**

Ein mutiger Indianer ist Axel nicht. Aber in den Ferien wird die »Schlaue Schlange« Jutta seine Freundin, und von da an ändert sich eine ganze Menge.
Mit Bildern von Rolf Rettich

**Sigmar Schollak
Der verhexte Tag**

Thaddäus ist morgens in eine Reißzwecke getreten, und von da an geht alles schief.
Ein zäher Gegner ist dieser Tag, wie ihn wohl jeder schon mal erlebt hat, aber Thaddäus ist wild entschlossen, ihn zu besiegen.
Mit Bildern von Reinhard Michl

Beide Bücher sind erschienen im

Erika Klopp Verlag · Hohenzollernstraße 86 · D-8000 München 40